Bibliografische Information der Deutschen Nationalbibliothek:

Die Deutsche Bibliothek verzeichnet diese Publikation in der Deutschen National-
bibliografie; detaillierte bibliografische Daten sind im Internet über http://dnb.d-
nb.de/ abrufbar.

Impressum:

Copyright © 2004 GRIN Verlag, Open Publishing GmbH
Druck und Bindung: Books on Demand GmbH, Norderstedt Germany
ISBN: 9783668602397

Dieses Buch bei GRIN:

https://www.grin.com/document/322284

Martin Utzweiher

Die Theorie des Wertewandels nach Inglehart und Klages. Die Suche nach den Ursachen

GRIN Verlag

Gliederung

1. Der Mensch in einer Welt des Wandels

Internet, Biotechnologie, Globalisierung. Das sind nur drei Schlagwörter, die den technischen Wandel beziehungsweise den Wandel unserer Umwelt in den letzten Jahren auf den Punkt bringen. Dieser Wandel stellt sicherlich auch seine Ansprüche an den Menschen, so muss man heute z.B. darüber diskutieren, bis zu welchem Maße man die Möglichkeiten, die die Biotechnologie bietet, nutzen möchte. Andere Beispiele wären die Mobilitätsbereitschaft, die dem Menschen abverlangt wird oder die Forderung nach dem *lebenslangen Lernen*, die ja auch impliziert, dass man bereits erlangtes Wissen wieder verwirft und durch neues ergänzt oder gar ersetzt.

Aufgrund dieses Wandels außerhalb des Menschen liegt die Frage nahe, ob sich denn auch ein Wandel im Menschen vollzieht, kommt es zu einer Änderung von Einstellungen oder - viel weitreichender - zu einem Wertewandel? Hat das oben angesprochene *Zeitalter der Veränderungen* einen Einfluss auf unsere Werte? Wenn ja welchen? In den Medien ist oft die Sprache vom Werteverfall, die Ellbogen-/ Egogesellschaft wird überall erkannt und verurteilt, man ruft nach der Rückbesinnung auf die alten Werte, auf die klassischen Sekundärtugenden. Im Zusammenhang mit diesen gern aufgegriffenen, weil medienwirksamen „Katastrophenszenarien" (vgl. Klages 2002, 18-28), stellt sich für die Soziologie – die sich ja schon seit geraumer Zeit für den Wertewandel interessiert – natürlich die Frage, ob diese Szenarien denn wirklich so stattfinden.

Im Folgenden werde ich mich zunächst kurz mit der Definition von Werten und von Wertewandel beschäftigen, anschließend werde ich die Wertewandelstheorien von Inglehart und Klages skizzieren, um schließlich noch einmal kurz auf die *Katastrophenszenarien* (Werteverfall) auf der einen und deren *Realitätsgehalt* auf der anderen Seite zu einzugehen.

2. Werte und Wertewandel

Werte sind „grundlegende bewusste oder unbewusste Vorstellungen vom Wünschenswerten, die die Wahl von Handlungsarten und Handlungszielen beeinflussen" (Kluckhohn nach Peuckert in: Schäfers 2003, 435). Werte steuern menschliches Verhalten/ Handeln, sie tun dies allerdings sehr allgemein und liefern somit keine unmittelbaren Verhaltensanweisungen (vgl. ebenda, 436). Werte haben also einen nicht zu vernachlässigenden, allerdings schwer messbaren Einfluss auf das (soziale) Handeln des Menschen. Im Gegensatz zu Einstellungen, die sich situationsbedingt leicht ändern können, sind Werte relativ dauerhaft (vgl. Lehner in: Klages/ Kmieciak 1979, 321). Es stellt sich bei dieser Annahme allerdings die Frage, wie dauerhaft Werte sind? Wann und unter welchen Umständen kann es dazu kommen, dass der Mensch seine Wertvorstellungen ändert und was versteht die Soziologie unter Wertewandel?

Mit Wertewandel beschäftigt sich die Forschung verstärkt „seit der vergleichenden Studie von Ronald Inglehart in sechs westeuropäischen Industrieländern" (Peuckert in: Schäfers 2003, 437). Inglehart versuchte in seinem Buch „The Silent Revolution" zu verdeutlichen, was den Wertewandel (insbesondere den der westlichen Welt) ausmacht. In der BRD war es vor allem Helmut Klages, der sich in der frühen (auf Deutschland bezogenen) Wertewandelforschung hervortat. Zu welchen Ergebnissen die beiden kamen, will ich im Folgenden grob skizzieren.

3. Inglehart und „Die stille Revolution"[1]
3.1 Dynamik statt Stillstand

Entgegen der Behauptung, die westliche Welt befinde sich in einem nahezu statischen Endzustand ihrer Entwicklung, während sich die Entwicklungsländer zeitgleich in einer dynamischen Phase des Wandels befänden, vermutet Ronald Inglehart, dass Wandel auch in der westlichen Welt stattfindet (vgl. Inglehart 1977, 6). „Dieser Wandel verläuft zwar undramatisch, aber dafür kontinuierlich, so dass Inglehart es für richtig hält, von einer „stillen Revolution" zu sprechen" (Lehner in: Klages/ Kmieciak (Hg.) 1979, 317). Als Ursachen für den Wandel nennt Inglehart unter anderem den wirtschaftlichen Aufschwung, die Bildungsexpansion und die *Medienrevolution*. Er spricht dem Technologiefortschritt dabei eine ganz besondere Rolle zu und stützt sich dabei auf die Theorie der „Postindustriellen Gesellschaft" von Daniel Bell. „Technology is creating the Post-Industrial society just as it created the Industrial society" (Inglehart 1977, 8). In der zunehmenden Verbreitung der sogenannten Massenmedien, die ja einen Teil der angesprochenen technischen Innovationen darstellt, sieht sich Inglehart in seiner Annahme bestätigt, schließlich haben diese ja zu einer Erweiterung des Horizonts und damit auch indirekt zu einem Wertewandel beigetragen. Durch die Prozesse, die

---

[1] Die folgenden Darlegungen zu Ingleharts Theorie beziehen sich auf: Inglehart: 1977, 6-11, 21-22, 72-98

Inglehart als Ursachen des Wertewandels ausmacht, versucht er zu illustrieren, dass es abwegig ist von einem Stillstand der westlichen Welt zu sprechen; er verschafft sich somit eine Grundlage für seine (empirisch untermauerte) Theorie des Wertewandels.

3.2 Grundannahmen/ Hypothesen

Ingleharts Theorie fußt auf der Annahme, dass sich eine Einstellungsänderung zu Gunsten postmaterialistischer Werte vollzogen hat beziehungsweise sich noch immer vollzieht. Als Grundlage nennt er pointiert: „In short people are safe and they have enough to eat" (ebd. 22). Seit dem Ende des zweiten Weltkriegs ist keine westliche Zivilisation mehr Opfer einer Invasion gewesen und die Versorgung der Bürger ist weitestgehend sichergestellt. Die Grundbedürfnisse des Menschen sind also gestillt. Frei nach Brechts Auffassung „Erst kommt das Fressen, dann kommt die Moral" (Brecht 1978, 191) oder genauer gesagt, in starker Anlehnung an Maslows Bedürfnishierarchie kommt Inglehart zum Schluss, dass die Zeit für die Befriedigung höherer Werte jetzt gekommen ist. Maslows Bedürfnishierarchie bildet somit also einen wesentlichen Ansatzpunkt für die Theorie Ingleharts. Sie besagt, dass der Mensch seine Bedürfnisse in eine gewisse Reihenfolge bringt, bei der es zunächst um die Befriedigung ganz profaner Bedürfnisse wie der Nahrungsaufnahme geht, dann erst um die Erfüllung höherer Bedürfnissen wie der Selbstverwirklichung. Hat der Mensch ein Bedürfnis befriedigt, wird er nach der Befriedigung des nächsten streben, er versucht also immer das, was noch nicht gegeben ist, bzw. das, was knapp ist, zu bekommen – Inglehart fasst dies in seiner Mangelhypothese zusammen. Die ersten Stufen der Bedürfnishierarchie stellen für ihn die materiellen, die höheren Stufen die postmateriellen Werte dar, er stuft also die Letzteren höher ein als die Ersten (vgl. Oesterdieckhoff 2001, 43).

Als „equally important" (Inglehart 1977, 23) schätzt Inglehart die Bedeutung der Sozialisation in der Jugend ein, die neben den bereits skizzierten Annahmen die Hauptrolle bei der Bildung/ Veränderung menschlicher Werte spielt. Die Sozialisationshypothese besagt, dass Werte, die ja mehr oder weniger den Verhaltensmaßstab menschlichen Handels bilden, vor allem in der Jugend geprägt werden. Diese Werte bleiben auch im Erwachsenenalter verhältnismäßig konstant. Somit relativiert die Sozialisationshypothese die Mangelhypothese in gewisser Weise (vgl. Oesterdieckhoff 2001, 49) – nach Ansicht Franz Lehners widerspricht sie ihr sogar (vgl. Lehner in: Klages/ Kmieciak (Hg) 1979, 320). Aus seiner Annahme folgert Inglehart: „If the […] hypothesis is correct, we should find substantial differences in the values held by various age groups" (Inglehart 1977, 23). Aufgrund dieser Aussage kann man also bei Ingleharts Konzeption des Wertewandels in erster Linie von einem „intergenerationellen Wertewandel[..]" (Oesterdiekhoff 2001, 41) sprechen. Doch man darf Inglehart nicht unterstellen, dass er keine andere Form des Wertewandels kennt. Er unterscheidet zwischen drei verschiedenen sozialen Ursachen des Wertewandels[2]: Alters-, Perioden- und Generationeneffekten. Die Alterseffekte stellen eine intragenerationelle Variation des Wertewandels dar, welche „rein biografisch und entwicklungspsychologisch [..] bedingt sind" (ebenda, 49) und deren Bedeutung für den gesamten Wertewandel eher gering einzuschätzen ist. Die Periodeneffekte lassen sich durch sozialökonomische Konjunkturschwankungen, also situative Umweltveränderungen, und mit Hilfe der Mangelhypothese erklären; auch ihre Bedeutung ist vergleichsweise gering. Die wichtigsten, für den Wertewandel hauptsächlich verantwortlichen Erscheinungen, die Generationeneffekte lassen sich mit der eben angesprochenen Sozialisationshypothese begründen. Durch die Sozialsisationshypothese sieht Inglehart auch seine Grundannahme, die materiellen Werte wandeln sich aufgrund wirtschaftlichen Wohlstands und der Abwesenheit von Krieg hin zu postmateriellen Werten, bestätigt.

Allgemein lässt sich sagen, dass Inglehart als Anhänger der Modernisierungstheorie (vgl. ebenda, 44) bei der Untersuchung des Wertewandels anstelle eines Werteverfalls (siehe oben) vielmehr einen „Durchbruch[..] postmaterieller Werte" (ebenda, 42) konstatiert, den er durchaus positiv bewertet. Die Wertänderungen führen ihrerseits „zu sozialen und institutionellen Umwälzungen" (ebenda, 47), die Inglehart als wünschenswert erachtet. Klassenstrukturen und Loyalität gegenüber dem Nationalstaat verlieren an Bedeutung, während gleichzeitig der Wunsch nach politischer/ gesellschaftlicher Partizipation, aber auch „die Toleranz für abweichendes Verhalten und individuelle Lebensformen" (ebenda, 47) zunehmen werden, so lauten die verheißungsvollen Vermutungen – ob dem aber tatsächlich so ist, bleibt weiterhin umstritten. Beispielsweise verzeichnen die deutschen Parteien (aber auch die Gewerkschaften), also die traditionellen Plattformen der politischen Partizipation einen stetigen Mitgliederschwund[3], während aber gleichzeitig die Bereitschaft zu freiwilligem (sozialen) Engagement mit dem Grad der Selbstentfaltung steigt (vgl. Klages 2002, 39).

---

[2] Die folgenden Erklärungen basieren auf: Oesterdiekhoff 2001, 41f.
[3] vgl. beispielsweise http://www.svz.de/newsdw/DWPolitik/23.02.04/Parteien/Parteien.html; 25.02.04

Die Frage, ob sich in der Realität nun materielle oder postmaterielle Werte durchgesetzt haben oder noch werden, lässt sich also sichtlich schwer beantworten; für Inglehart allerdings ist die Antwort klar: Postmaterialistische Werte lösen materialistische ab.

3.3 Empirisches Material bei Inglehart

Um diese doch sehr gewagte These zu untermauern, stützt sich Inglehart neben seinen gerade skizzierten theoretischen Annahmen auf eine Vielzahl empirischer Studien. Im Rahmen von Eurobarometer und der Welt-Werte-Studie laufen seit den siebziger Jahren, beziehungsweise seit 1981, Untersuchungen in 43 Ländern weltweit, die für ca. 70% der Weltbevölkerung repräsentativ sein sollen – mehrere hunderttausend Personen wurden befragt (vgl. Oesterdiekhoff 2001, 50). Auf den Aufbau der Befragungen möchte ich im Rahmen dieser Arbeit nicht eingehen, gleichzeitig aber soll an dieser Stelle betont werden, dass die empirischen Untersuchungen einen Grundpfeiler der Inglehartschen Theorie darstellen und sehr dazu beigetragen haben, dass diese heute immer noch eine bedeutende Rolle in der Werteforschung spielt. Im Folgenden will ich exemplarisch einige Ergebnisse der Untersuchungen vorstellen.[4] Die Untersuchungen ergaben ganz im Sinne Ingleharts, dass der Mensch mit der Gesamtheit seiner Werte entweder materialistisch, oder postmaterialistisch denkt, Mischtypen stellen die Ausnahmen dar. Des weiteren wurde konstatiert, dass „ [d]as Verhältnis von Materialisten und Postmaterialisten in einem Land [..] weltweit direkt abhängig von dem Wohlstandniveau des [jeweiligen] Landes" (Oesterdiekhoff 2001, 51) ist. Inglehart kann also mit seiner Theorie den Anspruch auf Allgemeingültigkeit erheben/unterstreichen. In den bereits stark entwickelten Wohlstandsnationen des Westens liegt der Anteil der Postmaterialisten in der Gesamtbevölkerung, wie von Inglehart vermerkt, höher als in den Nationen der *Dritten Welt/* den Entwicklungsländern. Auch die Behauptung, der Wertewandel sei ein intergenerationelles Phänomen, wird durch die Ergebnisse der Untersuchungen bestätigt.

Aus diesen Erkenntnissen lässt sich zusammenfassend und im Sinne Ingleharts folgern:

„Letztlich wird der Wohlstand in allen Kulturen zu Demokratie, Selbstentfaltung, Säkularisierung und liberalen Geschlechterbeziehungen und zu einem Niedergang

---

[4] basierend auf: Oesterdiekhoff 2001, 50ff.

religiöser und politischer Autorität führen – das ist die Quintessenz der Inglehartschen Theorie." (Oesterdiekhoff 2001, 53)

3.4 Kritik an Ingleharts Ansatz[5]

Ingleharts Theorie des Wertewandels basiert im Wesentlich auf den drei genannten *Säulen*, namentlich der Mangel- bzw. der Sozialisationshypothese und den empirischen Untersuchungen. Doch obschon Inglehart auf eine Fülle empirischer Daten zurückgreift, existiert der Vorwurf, diese seien „nur lose [und] nicht systematisch" (Lehner in: Klages/ Kmieciak (Hg) 1979, 319) mit seiner Theorie verbunden. Darüber hinaus wird bemängelt, die Daten würden von Inglehart lediglich als Bezugsrahmen für die Auslegung der von ihm prognostizierten Folgen des Wertewandels herangezogen. Trotz aller inhaltlichen Kritik, müssen auch die Skeptiker die empirischen Befunde gelten lassen, die unabstreitbar ein großes Verdienst Inglehartschen Forschung darstellen.

Allerdings erschöpft sich die Kritik nicht in der Diskussion über die Interpretation der Daten, auch die psychologischen Grundannahmen der Theorie der „Stillen Revolution" sind umstritten. Die auf Maslow beruhende Mangelhypothese besagt: „Individuen passen sich motivational ihrer jeweiligen sozio-ökonomischen Lage an" (ebenda, 320). Das erweckt den Eindruck, dass es sich hier um eine situative, also undauerhafte Anpassung handelt. Werte definieren sich aber – in der Abgrenzung von Einstellungen – vor allem durch ihre Dauerhaftigkeit. Es stellt sich also die Frage, ist es überhaupt angemessen von Wertewandel zu sprechen oder sollte man vielmehr den Begriff Einstellungswandel favorisieren? Das zweite Problem, welches sich im Zusammenhang mit der Maslowschen Theoriekomponente ergibt, ist das der Inkonsistenz bezüglich der Sozialisationshypothese. Diese nämlich betont v.a. die maßgebliche und prägende Bedeutung der sozio-ökonomischen Lage in der Jugend, und impliziert darüber hinaus auch noch deren dauerhaften Charakter. Abgesehen davon, dass beide psychologischen Annahmen stark vereinfachend konstruiert sind, weil die komplexen Umweltbedingungen nicht berücksichtigen, scheinen sie sich auch noch zu widersprechen oder, leicht abgeschwächt, schwer miteinander vereinbar zu sein. Es stellt sich also letzten Endes die Frage, welche der beiden Hypothesen gelten soll/ welche dominiert. Davon hängt es ab, ob es rechtmäßig ist von Wertewandel zu sprechen.

---

[5] Ingleharts Theorie ist von vielen Seiten kritisiert worden und wird es immer noch; für meine Darstellung der Kritik soll hier exemplarisch **Klages/ Kmieciak 1979, 320-325** als Basis dienen

Lehner ist der Ansicht, dass lediglich ein (temporärer) Einstellungswandel zu beobachten ist. Er versucht dies anhand der postmaterialistischen Umweltbewegung zu erklären. Aufgrund von Umfrageergebnissen kommt er zu dem Schluss, dass der Umweltschutz von der (deutschen) Gesellschaft zwar als wichtige Aufgabe aufgefasst wird, aber dennoch die Umweltbewegung ein zu niedriges Mobilitätspotential besitzt um sich gesellschaftlich durchzusetzen. Ebenso gering sieht er die Chancen der Gründung einer „Grünen Partei" und noch geringer die Erfolgsaussichten einer solchen Partei. Heute, 35 Jahre nach dieser Prognose, wissen wir, dass aus der Umweltbewegung eine Partei entstanden ist, die in der Lage ist genug Wähler zu mobilisieren um an einer Bundesregierung beteiligt sein zu können. Die postmateriellen Werte (Umweltschutz) scheinen also ganz im Sinne Ingleharts durchaus dauerhaft zu sein. Die Kritik kann also zumindest teilweise (und auf diesen Einzelfall bezogen) relativiert werden. Inglehart bleibt also umstritten, zugleich aber auch zu Recht ein Klassiker der Wertewandelforschung.

4. Wertewandel nach Klages
4.1 Auf der Suche nach den Ursachen[6]

„Eine [andere] Variante der Wertewandeltheorie geht auf den Soziologen Helmut Klages (geb. 1930) zurück, der in der zweiten Hälfte der 60er und der ersten Hälfte der 70er Jahre einen W[erte]wandlungsschub feststellte." (Peuckert in: Schäfers 2003, 437)

Im Gegensatz zur Theorie Ingleharts, die ja in gewisser Weise einen Universalitätsanspruch in sich birgt, bezieht sich die Theorie von Helmut Klages konkret auf den Wertewandel in der BRD. Klages meint bei seinen Nachforschungen eine Abnahme der Bedeutung der Pflicht- und Akzeptanzwerte, bei einer gleichzeitigen Zunahme der Selbstentfaltungswerte beobachten zu können (vgl. ebenda, 438). Insofern scheint er mit Ingleharts Annahmen zu konvergieren, allerdings hebt er sich in seiner Behauptung, Pflicht- und Akzeptanzwerte (≈materialistische Werte) schließen Selbstentfaltungswerte (≈postmaterialistische Werte) nicht aus von Inglehart ab; dieser argumentiert ja eindimensional und folglich ohne *Mischtypen* (s. o.; vgl. ebenda, 438). Bei der Frage nach den Ursachen des Wertewandels kommt Klages allerdings wieder zu ähnlichen Ergebnissen wie Inglehart.

---

[6] als Grundlage für die Aufzählung und kurze Erklärung der *situativen Faktoren* des Wertewandels dient: Klages 1988, 51-57

So spricht auch er „der Steigerung des Massenwohlstands […; eine] Vorbereitungs- und Auslöserrolle" (Klages 1988, 51) zu. Eine weitere materielle Entlastung der vom Wirtschaftswunder profitierenden (west-)deutschen Bevölkerung stellte der Ausbau des Sozialstaats mit der *Großen Rentenreform* von 1957 als Höhepunkt dar. Aufgrund dieser Entwicklungen bieten sich der bundesdeutschen Nachkriegsgesellschaft ungeahnte Konsummöglichkeiten bei gleichzeitig ständig steigender sozialer Absicherung – das Sparen zur Altersvorsorge verliert an Bedeutung, der Konsum wird gestärkt. Zwei weitere Ursachen für den Wertewandel sieht Klages in den „sozialpsychologische[n] Wirkungen der Bildungsrevolution" (ebenda, 52) und der Medienrevolution mit der Verbreitung des Massenmediums TV. Diese beiden Phänomene führen zu einer Erweiterung des geistigen Horizonts der Bürger und begünstigen eine kritische und distanzierte Haltung gegenüber dem Staat und der Gesellschaft. Ähnlich wie Inglehart stellt auch Klages fest, dass der erleichterte Zugang zu höheren Bildungseinrichtungen, der sich im Rahmen der Bildungsrevolution abzeichnete, eine besondere Selbstentfaltungsorientierung der jüngeren Generation zur Folge hat.

Alle bisher genannten Ursachen des Wertewandels bezeichnet Klages als *situative Faktoren*; ihnen spricht er eine Katalysator- und eine Auslöserfunktion für den Wertewandlungsschub zu. Ihm zufolge reichen diese Faktoren allerdings nicht aus um den Wandel hinreichend zu erklären, die Frage nach den *Hintergrundfaktoren* muss gestellt werden. Durch das Aufdecken der Hintergrundfaktoren kann Klages den Vorwurf zurückweisen, es handle sich lediglich um einen temporären und situativ bedingten Einstellungswandel – ein Vorwurf, wie es ihn bei Inglehart ja bereits schon gegeben hatte.

4.2 Vertiefung und „Mehrebenenansatz"[7]

Klages sieht es durch die „empirische Evidenz" (Klages 1993, 52) bewiesen, dass der Wertewandelschub nicht allein durch die situativen Faktoren erklärt werden kann. Vielmehr erscheint es ihm sinnvoll einen „Mehrebenenansatz" (ebenda, 52) als Erklärungsmodell für den deutschen Wertewandelschub heranzuziehen.

Er geht dabei davon aus, dass sich der Wertewandel in die im Folgenden kurz erklärten vier Phasen untergliedern lässt. Die erste Phase, die Phase der *sozio-*

---

[7] Die Ausführungen zum Mehrebenenansatz stützen sich auf: Klages 1993, 52-75

ökonomischen Vorbereitung, verortet er am Ende des 19. Jahrhunderts, dem Beginn der industriellen Revolution in Deutschland. Mit der Industrialisierung vollzogen sich einschneidende Veränderungen. Es kam zu Urbanisierungsprozessen und zu einem tief reichenden Wandel der Berufs- und Arbeitswelt, der noch bis heute nachhaltige Folgen zeitigt. Zunächst kam es zur Entwicklung von Klassenbewusstsein, das später aber dann aufgrund der zunehmenden Technisierung und Spezialisierung von Verwaltung und Verteilung wieder an Bedeutung verlieren sollte. Die Arbeitswelt wurde facettenreicher, eine eindeutige Schichtzuordnung zunehmend erschwert. Klages spricht in diesem Kontext von einem „Entschichtungsvorgang" (ebenda, 56) und erwähnt den Begriff der „nivellierten Mittelstandsgesellschaft" (ebenda, 56).

Ein Prozess, der sich als dauerhafter als die Herausbildung des Klassenbewusstseins erweisen sollte, ist der Wandel in den Familienstrukturen. Als Folge der sich im Laufe der Zeit (von Bismarcks Sozialversicherungen bis hin zur *Großen Rentenreform*) permanent gesteigerten, staatlich garantierten sozialen Absicherung verloren Kinder für die Altersvorsorge zunehmend an Bedeutung. Das, und die Entwicklung zuverlässigerer Verhütungsmittel (Anti-Baby-Pille 1960 als vorläufiger Höhepunkt) führte zu einer Etablierung der sogenannten Kernfamilie und brachte gleichzeitig einen Wandel der Erziehungsziele mit sich, allerdings erst stark verspätet auch einen Wandel der Erziehungswerte. Zusammenfassend kommt Klages in seiner *kleinen deutschen Gesellschaftsgeschichte* zu dem Ergebnis, dass es trotz der veränderten Arbeits- und Lebenspraxis, zunehmender Individualisierungstendenzen, Veränderungen bei Familienstruktur und Erziehungszielen, und trotz der erweiterten materiellen Spielräume zunächst (ca. 1870-1962) zu keiner nachhaltigen Änderung der Pflicht-, Akzeptanz- und Selbstentfaltungswerte kam, die es erlauben würde von einem Wertewandlungsschub zu sprechen. Klages spricht dies vor allem den „sozialpsychologische[n] Widerstandskräfte[n]" (ebenda, 56) des Menschen zu, auf die er dann explizit in Phase drei seines Ansatzes eingeht.

In der zweiten Phase, der Phase der synchronen Häufung des sozio-ökonomischen Wandels oder auch der Ebene der strukturanalytischen Gleichzeitigkeit, konstatiert Klages ein gleichzeitiges und verstärktes Auftreten von den Wertewandel begünstigenden Erscheinungen in der ersten Hälfte der 60er Jahre. Hier verweist er auf die bereits oben genannten situativen Faktoren: der steigende Wohlstand führt zur „Konsumsouveränität" (ebenda, 63), also zur Entstehung des individuellen Konsumverhaltens, welches letztlich den Weg in die Konsumgesellschaft ebnet.

Gleichermaßen erlaubt es die über einen langen Zeitraum laufende Arbeitszeitverkürzung in Verbindung mit der „Motorisierungsrevolution" (ebenda, 63) in den 60er Jahren „von einer beginnenden „Freizeitgesellschaft" zu sprechen" (ebenda, 63). Gleichzeitig schaffen der Ausbau des Sozialstaats mit der Dynamisierung der Renten, die Bildungsrevolution, die es erlaubt von der „offenen Gesellschaft" (ebenda, 64) zu reden, und die von der Verbreitung des Fernsehens getragene Medienrevolution einen in der Bevölkerung weit verbreiteten, aus heutiger Sicht „naiv anmutenden Zukunftsoptimismus" (ebenda, 64).

Trotz all dieser gleichzeitig ablaufenden Phänomene sieht Klages die Intensität des Wertewandelschubs hiermit noch nicht hinreichend erklärt. Er begibt sich folglich auf die sozialpsychologische Erklärungsebene. Trotz des noch „verhältnismäßig unangefochten fortbestehenden traditionalen Wertsystems" (ebenda, 65) sieht Klages die Zeit für den Wertewandel gekommen, es sei „nur noch eine Frage der Zeit" (ebenda, 65). Die Frage warum es – obwohl diese Vielzahl von Änderungen doch zweifelsohne einen starken „Wandlungsdruck" (ebenda, 65) mit sich brachte – dennoch zu keinem tief greifenden Wertewandel kam, beantwortet Klages mit dem Verweis auf die „ ‚systemisch' gelagerten *Resistenzkapazitäten* der Wertesphäre" (ebenda, 65) des Individuums. Allerdings wird sich der Mensch „bei einem starken Anpassungsdruck, der auf den traditionellen Werten lastet," (ebenda, 66) zu einem gewissen Zeitpunkt doch derart isoliert fühlen, dass er seine Wertekonzeption aktualisieren wird. Klages belegt diese Behauptung mit der Zuhilfenahme mehrerer sozialpsychologischer Theorieansätze, von denen hier exemplarisch die *Theorie der kognitiven Dissonanz* herausgegriffen werden soll. Dieser Theorie zufolge wird der Mensch wegen seines Harmoniebedürfnisses darauf bedacht sein innere Konflikte und Spannungen abzubauen; darüber hinaus erklärt diese Theorie auch, dass es erst so spät (1963) zu einer Anpassung der Werte an die Änderungen in der sozialen und technischen Umwelt kam. Der Mensch wird nämlich seine Werte nur dann neu formulieren, wenn er seine alten Wertvorstellungen längerfristig als störend für die Gestaltung seines Lebens wahrnimmt. Gegen situative Änderungen ist er damit – wie bereits von Inglehart vermutet – weitestgehend immun. Um den Wertewandelschub zu erklären müssen die Dissonanzen folglich einen bestimmten Schwellenwert überschreiten.

Klages sieht also den Bedarf eines unmittelbaren (situativen) Auslösers. Um diesen ausfindig zu machen, begibt er sich auf die Suche nach dem empirisch festmachbaren Zeitraum des Beginns des Wertewandlungsschubs. Er macht dabei das Jahr 1963 „als das eigentliche Startjahr des Wertewandelschubs" (ebenda, 72) aus. Nun wird man das Jahr 1963 eingehender betrachten und feststellen, dass in diesem Jahr die erste *Epoche* der deutschen Nachkriegsgeschichte, die Ära Adenauer, ihr Ende fand. Adenauer galt als restaurativ und autoritär in seinem Führungsstil und stand somit stellvertretend für die *althergebrachten Werte*. Erhard, der Nachfolger Adenauers, bildete in gewisser Weise ein Gegenprogramm zum starren Kurs Adenauers, er galt als progressiv und liberal.

Zusammenfassend lässt sich also feststellen, dass die Werte Adenauers in der unmittelbaren Nachkriegszeit ihre Berechtigung hatten und von großen Teilen der Bevölkerung getragen wurden. Mit den oben genannten Entwicklungen allerdings verloren sie zunehmend an Legitimität. Um für die Zukunft gerüstet zu sein, so die weit verbreitete Meinung, musste man sich von den angesprochenen alten Werten verabschieden – diese Einstellung wurde übrigens von der ganzen Gesellschaft getragen, nicht nur von der Jugend, wie es oft vermutet wird (vgl. Klages 1988, 55).

Anders als bei Inglehart möchte ich bei Klages an dieser Stelle auf eine Kritik verzichten. Klages stellte seine Vermutungen zu den Ursachen des Wertewandels a posteriori an, während Inglehart in seiner Vorreiterrolle natürlich viel leichter angreifbar ist. Zudem bezieht sich Klages bei den hier skizzierten Ausführungen speziell auf die BRD und nicht auf die gesamte (westliche) Welt wie Inglehart, auch dadurch nimmt er der Kritik den Wind aus den Segeln. Trotzdem sei erwähnt, dass natürlich auch Klages' Thesen durchaus streitbare Elemente enthalten.

5. Wohin wandelt sich der Mensch?

Durch die Erkenntnisse über die Werte und das Wertewandelverhalten des Menschen, welches sich durch die Forschung Ingleharts aber auch durch die Klages' (speziell für Deutschland) ergeben haben, stellt sich der Wissenschaft, aber natürlich auch der Öffentlichkeit die Frage: Wohin bewegt sich der Mensch mitsamt seinen Werten? Wenn wir in unseren Überlegungen das Hauptaugenmerk noch einmal speziell auf Deutschland richten wollen, so scheint diese Frage – wie oben schon erwähnt – bereits beantwortet zu sein. Der Mensch scheint der Dynamik der Globalisierung nicht gewachsen zu sein, so die von den Medien unters Volk gebrachte Meinung. „[U]ngünstige sozialpsychologische Veränderungen" (Klages in: Politik und Zeitgeschichte B 29/2001, 7) und der Wohlstand haben aus den Menschen „immer mehr verantwortungsscheue, nicht nur am Allgemeinwohl, sondern auch am Mitmenschen uninteressierte Egoisten mit ‚Vollkasko-Mentalität'" (ebenda, 7) gemacht. „Was hält unsere Gesellschaft überhaupt noch zusammen?" (ebenda, 7) heißt die nahe liegende Frage in einer Welt des vermeintlichen Werteverfalls.

Doch „[u]ngeachtet der eindrucksvollen Weise, in der solche Katastrophenszenarien [von den Medien] präsentiert werden, besteht wenig Anlass ihnen Glauben zu schenken" (Klages 2002, 27), so sieht es zumindest Helmut Klages. Er stellt in seinen Arbeiten die oben genannten Behauptungen auf den empirischen Prüfstand und kommt erstaunlicher Weise zu einem recht positiv stimmenden Ergebnis. So kommt es etwa keineswegs zu einem Werteverfall, einem Verfall der sog. Sekundärtugenden, diese bleiben vielmehr konstant (vgl. ebenda). Darüber hinaus „wird die fundamental wichtige Tatsache erkennbar, dass sich die Bevölkerung auf der Werteebene viel weniger an den konsumierbaren Güterangeboten als vielmehr an den Chancen der Einbringung eigener Tätigkeitsbereitschaften orientiert" (ebenda, 35). Schließlich meint Klages noch nachweisen zu können, dass Mitmenschlichkeit in der Gesellschaft von großer Bedeutung ist (vgl. ebenda, 36), dass die „Hochschätzung der Familie […] ungebrochen" (ebenda, 36) und der „Rechtsstaat in den Werten fest verankert" (ebenda, 37) ist. Die Klage vom Werteverfall scheint somit ad absurdum geführt zu sein, und es erscheint – nach den Nachforschungen Klages – vielmehr angebracht, dem Kommenden nicht euphorisch, aber doch optimistisch gegenüberzustehen.

Ob der Wandel hin zu den postmateriellen oder den Selbstentfaltungswerten, wie ihn Klages und vor ihm Inglehart prognostiziert bzw. festgestellt haben auch in Zukunft von Dauer sein wird, kann letztlich nur diese selbst beantworten – die Ergebnisse der Forschung zumindest stimmen zuversichtlich. Allerdings muss nach Helmut Klages et al. künftig von den Institutionen in Verwaltung, Wirtschaft und Politik noch viel getan werden um das vorhandene Potential, das im Menschen schlummert, im positiven Sinne auszuschöpfen (vgl. ebenda, Klappentext).

6. Literaturverzeichnis

Printmedien

Brecht, Bertolt (1978): Die Stücke von Bertolt Brecht in einem Band. Frankfurt a.M.:
Suhrkamp Verlag

Inglehart, Ronald (1977): The Silent Revolution. Princeton: Princeton University Press

Klages, Helmut (1988): Wertedynamik. Über die Wandelbarkeit des
Selbstverständlichen. Osnabrück: Verlag A. Fromm

Klages, Helmut (1993): Traditionsbruch als Herausforderung. Perspektiven der
Wertewandelsgesellschaft. Frankfurt a.M./New York: Campus Verlag

Klages, Helmut (2001): Brauchen wir eine Rückkehr zu traditionellen Werten?, in: Aus
Politik und Zeitgeschichte. Beilage zur Wochenzeitung das Parlament, 13. Juli 2001,
B 29/2001

Klages, Helmut (2002): Der blockierte Mensch. Zukunftsaufgaben gesellschaftlicher
und organisatorischer Gestaltung. Frankfurt a.M./New York: Campus Verlag

Lehner, Franz (1979): Die „Stille Revolution": Zur Theorie und Realität des
Wertwandels in hochindustrialisierten Gesellschaften., in Klages/Kmieciak (Hg.):
Wertwandel und gesellschaftlicher Wandel. Frankfurt a.M./New York: Campus Verlag

Oesterdieckhoff, Georg W. (2001): Werte und Wertewandel in westlichen
Gesellschaften. Resultate und Perspektiven der Sozialwissenschaften. Opladen: Leske +
Budrich

Peuckert, Rüdiger (2003): Werte., in: Schäfers Bernhard (Hrsg.): Grundbegriffe der
Soziologie. Opladen: Leske + Budrich

Internet

http://www.svz.de/newsdw/DWPolitik/23.02.04/Parteien/Parteien.html; 25.02.04